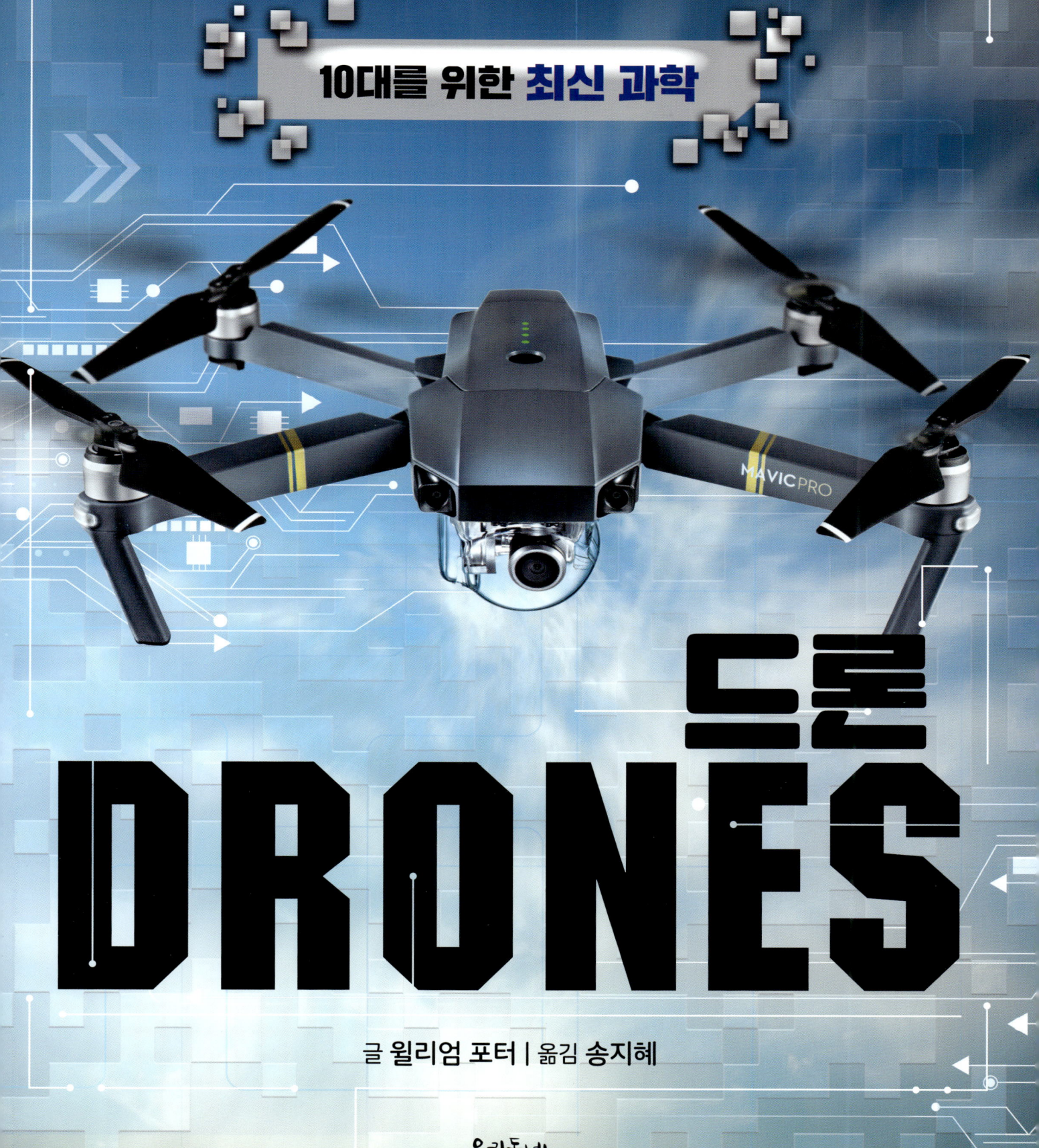

1판 1쇄 발행 2022년 3월 30일 | 1판 3쇄 발행 2024년 7월 20일

글 윌리엄 포터 | **옮김** 송지혜 | **편집** 꿈틀
펴낸이 정윤화 | **펴낸곳** 더모스트북 | **디자인** S and book (design S)
출판등록 | 제2016-000008호
주소 강북구 인수봉로 64길 5 | **전화** 02-908-2738 | **팩스** 02-6455-2748
이메일 mbook2016@daum.net

ISBN 979-11-87304-29-6 74550
ISBN 979-11-87304-27-2 74550 (세트)

우리동네책공장은 더모스트북의 아동브랜드입니다.

The Tech-Head Guide: Drones
The Tech-Head Guide: Drones by William Potter
First published in Great Britain in 2020 by Wayland
Copyright © Hodder and Stoughton, 2020
Korean edition copyright © The Mostbook, 2022
All rights reserved.

This Korean edition published by arrangement with Hodder and Stoughton, on behalf of Wayland, a part of Hachette Children's Group, through Shinwon Agency Co., Seoul.

이 책의 한국어판 저작권은 신원에이전시를 통해 저작권자와 독점 계약한 더모스트북에 있습니다.
저작권법에 의해 한국 내에서 보호를 받는 저작물이므로 무단 전재와 무단 복제를 금합니다.

Picture credits:
front cover gyn9037/Shutterstock, back cover DJI Creative Studio LLC (top left), Open Government Licence (bottom right), Parrot (bottom right), 1 DJI Creative Studio LLC (main), Evgeny Karandaev/Shutterstock (background), 2 Shaineast/Shutterstock (background), DJI Creative Studio LLC (main), 4-5 Supphaichai Salaeman/Shutterstock (background), 5 Sibsky2016/Shutterstock (top), Defense Advanced Research Projects Agency (centre), 6-7 Apic/Getty Images, 6 National Museum of the U.S. Air Force (bottom), 7 U.S. Army/David Conover (top), Parrot (bottom), 12 Amazon (bottom left), 12-13 Domino's Pizza Enterprises, 13 © 2018 United Parcel Service of America, Inc. (top), Jeff Schear/Getty Images for Marriott (bottom), 14 Andy Burn/University of Reading, 14-15 Jag_cz/Shutterstock, 15 STR/AFP/Getty Images (centre), Dmitry Kalinovsky (bottom), 16 U.S. Air Force (left), BAE (right), 16-17 Defense Advanced Research Projects Agency, 17 Open Government Licence (bottom), 18 Dmitry Dven/Shutterstock, 19 Bo Bridges/Bad Robot/Skydance Prods/Paramount/Kobal/REX/Shutterstock (top), Jost Jelovcan (bottom), 20 DJI Creative Studio LLC (top), AMF Photography/Shutterstock (bottom), 20-21 Boris Mokousov/Shutterstock (background), 21 Peter Parks/Getty Images (top), Pierre Andrieu/AFP/Getty Images (bottom), 22-23 Mathias Kniepeiss/Getty Images, 23 Private Collection (top), Hep Svadja/Make Magazine (centre), 24 Aerix (bottom), Jung Yeon-Je/AFP/Getty Images, 25 Boeing (top), Racerx (centre), 26 Sakaret/Shutterstock, 27 Toshifumi Kitamura/AFP/Getty Images (top), Liteye UK (top centre), Georges Gobet/AFP/Getty Images (bottom centre), Lukas Gojda/Shutterstock (bottom), 28 Feng Zhoufeng/Southern Metropolis Daily/VCG via Getty Images (top), Asiastock/Shutterstock (bottom), 29 Omer Messinger/EPA-EFE/REX/Shutterstock (top), Stefan Niedermayr (centre)

Every attempt has been made to clear copyright. Should there be any inadvertent omission please apply to the publisher for rectification.

차례

드론이란 무엇일까? ··· 4
드론의 역사 ·· 6
드론의 구석구석 ·· 8
조종하기 ·· 10
배달용 드론 ··· 12
세계를 보는 지도 ·· 14
군용 드론 ··· 16
하늘의 눈 ··· 18
구조 임무 ··· 20
드론 레이싱 ·· 22
멋진 드론들 ·· 24
드론과의 전쟁 ··· 26
가까운 미래 ·· 28

용어 풀이 / 참고할 만한 사이트와 책 ························· 30
찾아보기 ·· 32

드론이란 무엇일까?

드론은 무인항공기 또는 멀티콥터라고도 부르며, 곡예비행, 레이싱, 사진이나 영화 촬영 그리고 화려한 불빛 쇼로 큰 인기를 끌고 있다.

드론의 모든 것

이 책에서는 드론의 역사, 작동 원리, 제어 방법 그리고 비행 규정에 규정 등 드론에 대한 모든 것을 소개한다. 또한 드론이 어떻게 세상을 바꾸고 있는지 알게 될 것이다.

완구용에서 최상급까지

시중에서 판매되고 있는 무인항공기는 조그만 장난감부터 수천만 달러에 이르는 프로슈머용 키트까지 아주 다양하다. 대부분 완제품으로 조립되어 나오지만, 키트를 활용해 직접 드론을 만들어 볼 수도 있다.

연표

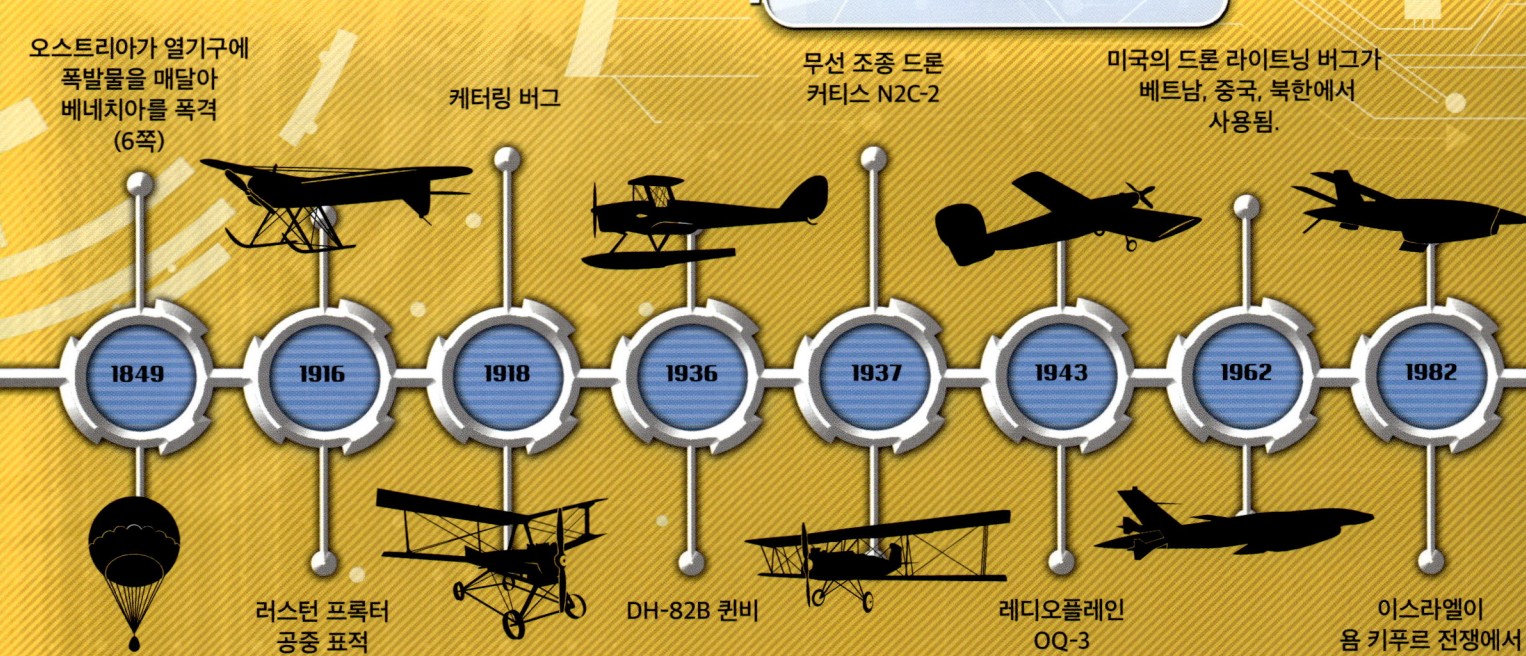

- **1849** 오스트리아가 열기구에 폭발물을 매달아 베네치아를 폭격 (6쪽)
- **1916** 러스턴 프록터 공중 표적
- **1918** 케터링 버그
- **1936** DH-82B 퀸비
- **1937** 무선 조종 드론 커티스 N2C-2
- **1943** 레디오플레인 OQ-3
- **1962** 미국의 드론 라이트닝 버그가 베트남, 중국, 북한에서 사용됨.
- **1982** 이스라엘이 욤 키푸르 전쟁에서 드론 사용

하늘의 스파이

무인항공기는 공중에서 정찰 활동을 하거나 미사일을 운반하는 등 오랫동안 군사적인 목적으로 사용되어 왔다. 최신 드론이 어떤 일을 할 수 있는지, 또 기술 회사들이 불법 드론을 막기 위해 어떤 노력을 기울이고 있는지 알아보자.

드론의 미래

앞으로 어떤 세상이 펼쳐질까? 여러분의 마음에 들든 들지 않든, 드론은 이미 우리의 현실로 들어왔다. 이 책을 통해 떠오르는 드론을 이해하고 배워보자.

1986	1996	2006	2010	2013	2014	2015	2018
미국과 이스라엘의 합동 정찰 드론 RQ-2 파이오니어		미국에서 최초로 상업용 드론 허가증 발급		아마존이 드론 배달 계획 발표		멀티지피와 드론 레이싱 리그 설립	
MQ-1 프레데터가 처음으로 배치됨		패럿의 AR 드론이 라스베이거스에서 열린 박람회에서 처음으로 소개됨	카메라가 장착된 무인항공기 DJI 팬텀1	드론이 TV 프로그램과 영화 촬영에 사용		평창올림픽 개막식에서 인텔의 슈팅스타 드론 시스템 사용

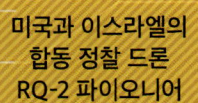
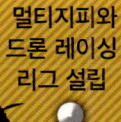

드론의 역사

최초의 무인항공기는 사격 연습이나 정보활동 등 군사적 목적으로 사용하기 위해 만들어졌다. 하지만 지금은 쉽게 드론을 구할 수 있으며, 점점 여가나 촬영 등의 활동으로 드론을 즐기는 사람이 많아졌다.
이제는 누구나 드론 조종사가 될 수 있게 된 것이다.

최초의 드론?

1849년 오스트리아군은 이탈리아의 베네치아를 공격하기 위해 수백 개의 무인 열기구에 폭탄을 달아 날려 보냈는데, 이는 전쟁에서 사용된 최초의 무인항공기로 알려져 있다. 하지만, 바람의 방향이 바뀌는 바람에 열기구들은 목표물에서 벗어났고, 단 한 개의 폭탄만이 정확히 도시에 명중했다.

버그를 일으킨 버그

케터링 버그는 제2차 세계대전(1939~1945) 당시 미국에서 공중 어뢰로 사용하기 위해서 개발한 소형 무인 복엽기다. 이것은 자이로스코프라는 기구를 이용해 수평을 유지했고, 프로펠러의 회전수를 세어 비행 거리를 계산했다. 하지만 케터링 '버그'는 수많은 버그(프로그램 오류)를 일으켜 시험비행에서 자주 추락했고 실제 전투에 투입되기도 전에 전쟁이 끝나버렸다. *복엽기: 2장의 날개가 상하로 장착된 비행기

스타 발견

영화배우로 유명해지기 전이었던 **마릴린 먼로**는 드론 생산업체 레디오플레인 공장에서 일하고 있었다. 1945년 한 사진작가의 눈에 띈 그녀는 미국 최초로 대량 생산을 하는 무인 표적기의 조립 작업을 하고 있었다. 이렇게 만들어진 **OQ-3**는 제2차 세계대전 (1939~1945) 동안 사격 연습용으로 9,400대 이상이 생산되었다.

드론 정보

- **모델:** 레디오플레인 OQ-3
- **출시:** 1939년
- **유형:** 무선 제어 무인표적기
- **재료:** 동체-천으로 덮인 강철, 날개-나무
- **중량:** 47kg
- **최대 비행시간:** 1시간
- **속도:** 시속 137km 이상

은밀한 감시

1960년대 미국 정부는 '**레드 왜건**'이라는 코드명 아래에 무인항공기 개발 연구를 진행하였고, 베트남 전쟁(1955~1975) 동안 비밀리에 3,435기의 정찰용 드론을 투입했다. 1973년 이스라엘은 최초로 실시간 정보를 주고받을 수 있는 유인 및 전파 교란용 무인항공기를 사용했다. 이 무인항공기들의 성공으로 1995년부터 **MQ-1 프레데터**와 같이 무거운 미사일을 실은 드론이 급격히 늘어나기 시작했다.

대량 생산

최근 들어 드론의 가격이 저렴해지고 일반인들에게 널리 보급되면서, 취미로 자신만의 무선 조종 항공기를 직접 만드는 사람들도 생겨났다. 스마트폰으로 조종하는 최초의 쿼드콥터인 패럿 AR드론 2.0은 수십만 대가 팔려나갈 정도로 큰 인기를 끌었다.

드론 정보

- **모델:** 패럿 AR 드론 2.0
- **출시:** 2012년
- **유형:** 스마트폰 조종 쿼드콥터
- **재료:** 나일론, 탄소 섬유
- **중량:** 1.8kg
- **최대 비행시간:** 15분
- **속도:** 시속 40km

드론의 구석구석

드론은 무엇으로 만들어져 있을까?
쿼드콥터를 공중으로 띄워 올리는 기술들을 자세히 살펴보자.

뼈대

프레임은 드론의 기계 부품들을 지지하는 몸체다. 가벼우면서 튼튼해야 하고, 불안정한 착륙에서 생기는 충격도 견딜 수 있어야 한다. 주로 플라스틱과 탄소 섬유로 만든다. 프로펠러에서 생기는 **하강기류**가 방해받지 않으려면 프로펠러를 지지하는 연결대가 얇아야 한다.

비행 컨트롤러(FC)

드론의 두뇌 역할을 하는 비행 컨트롤러는 드론을 안정적으로 띄워 올리고, 무선이나 와이파이로 명령을 수신하여 속도나 방향을 바꾼다. 비행 컨트롤러는 **전자 변속기**에 신호를 보내 모터와 프로펠러의 속도를 바꾸거나 카메라를 조작할 수 있다. 또한 여러 개의 센서도 갖추고 있는데 균형을 유지하는 **자이로 센서**, 속도 변화를 측정하는 **가속도 센서**, 고도를 유지하는 **기압 센서**, 방위 정보를 판단하는 **지자기 센서** 등이 있다.

카메라와 짐벌

많은 드론이 항공 촬영을 위한 카메라를 장착하고 있다. 짐벌은 카메라가 드론의 떨림에 영향을 받지 않고 수평을 유지하도록 하는 역할을 한다.

프로펠러

드론의 모터에는 프로펠러가 부착되어 있다. 프로펠러가 회전하면 추진력이 생겨 드론이 날아오른다. 프로펠러 날개는 항공기 날개처럼 **에어포일** 모양을 하고 있어서 양력을 발생시킬 수 있다.

모터

CD 드라이브나 컴퓨터 팬에 사용되는 모터는 효율이 높고 오래 지속되는데, 드론에서도 이를 표준으로 사용하고 있다. 이 모터는 속도와 방향을 바꾸라는 명령에 빠르게 반응한다.

배터리

배터리는 보통 부품 중에서 가장 무겁다. 오래 가는 배터리일수록 무게는 더 무거워진다. 무인항공기가 무거워질수록 더 많은 전력을 소비하게 된다. 이 때문에 일반적인 드론에 사용하는 배터리는 가볍고 충전이 가능한 것으로, 최대 비행시간은 20분 정도다.

랜딩(착륙)기어

랜딩기어는 프로펠러가 땅에 닿지 않고 드론이 부드럽게 땅에 착지할 수 있도록 도와준다.

조종하기

어떤 종류의 드론을 선택하든, 안전한 비행을 위해서는 기본적인 조종 방법을 미리 익혀 두어야 한다.

비행 전 점검하기
- 해당 지역의 드론 비행 규정을 확인한다.
- 날씨를 확인한다. 습하거나 안개가 끼거나 강한 바람이 부는 날은 부적합하다.
- 혼잡하거나 전선, 나무 등 장애물이 많은 장소는 피한다.
- 배터리가 완전히 충전되었는지 확인한다.(예비 배터리를 챙기면 좋다).
- 프레임과 부품이 제자리에 단단히 고정되어 있는지 미리 확인한다.
- 드론을 눈높이까지 띄운 채로 15초간 유지하여 잘 작동하는지 확인한다.

이착륙하기
스로틀 스틱을 부드럽게 밀어 올리면 프로펠러가 돌아가고 드론을 천천히 띄울 수 있다. 다시 스로틀 스틱을 천천히 아래로 내리면 드론을 안전하게 땅으로 돌아오게 할 수 있다. 이를 반복하면서 시스템이 올바르게 작동하고 있는지 시험해 본다.

조종하기
- 드론을 잠시 눈높이에서 호버링(제자리비행)한 다음, 요우 스틱으로 천천히 드론을 좌우로 회전시켜본다(오른쪽).
- 피치 스틱으로 드론을 앞뒤로 움직이고, 다시 요우 스틱으로 좌우 방향으로 움직여 본다.
- 어느 정도 준비가 되었다면, 피치와 롤 스틱을 사용해 드론으로 사각형을 그려본다.
- 피치, 롤 그리고 스로틀 스틱으로 원을 그리며 비행해본다.

일인칭 시점
일인칭 시점(FPV, First-Person View)은 드론의 카메라에 연결된 비디오 고글이나 모니터를 통해 사용자가 영상을 실시간으로 볼 수 있는 기능이다. 마치 한 마리의 새가 되어 내려다보는 기분을 느낄 수 있다.

시야 내에서
사용자는 반드시 비행 중인 드론이 어디 있는지 항상 확인할 수 있어야 한다. 1인칭 시점 기능을 사용하여 드론의 비행을 따라가고 있을 때도 마찬가지다.

자동 조종 장치
적절한 앱과 위성항법장치(GPS) 모듈을 드론에 설치하면 비행경로를 미리 프로그램할 수도 있다. 이를 위해서는 지정 경로 비행 기능을 설정하여 순차적으로 저장된 위치로 비행하도록 하라. 드론의 자동 귀환을 비행경로에 포함할 수도 있다.

조종 스틱

쿼드콥터 드론을 조종할 때 주로 스틱의 4가지 기능을 사용한다.

- **요우** 쿼드콥터를 시계 방향 또는 시계 반대 방향으로 회전시킨다.
- **스로틀** 프로펠러를 회전시켜 쿼드콥터를 상승시킨다.
- **롤** 쿼드콥터를 좌우로 움직인다.
- **피치** 쿼드콥터를 전후로 움직인다.

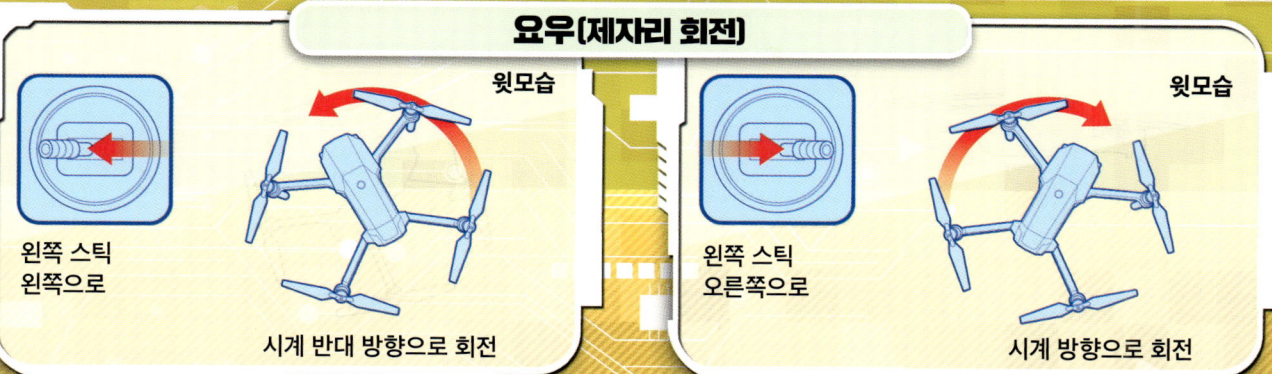

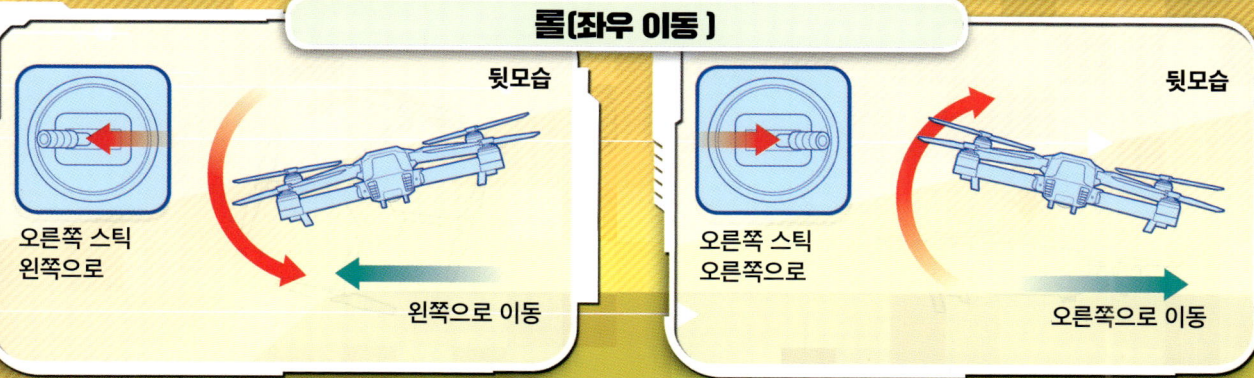

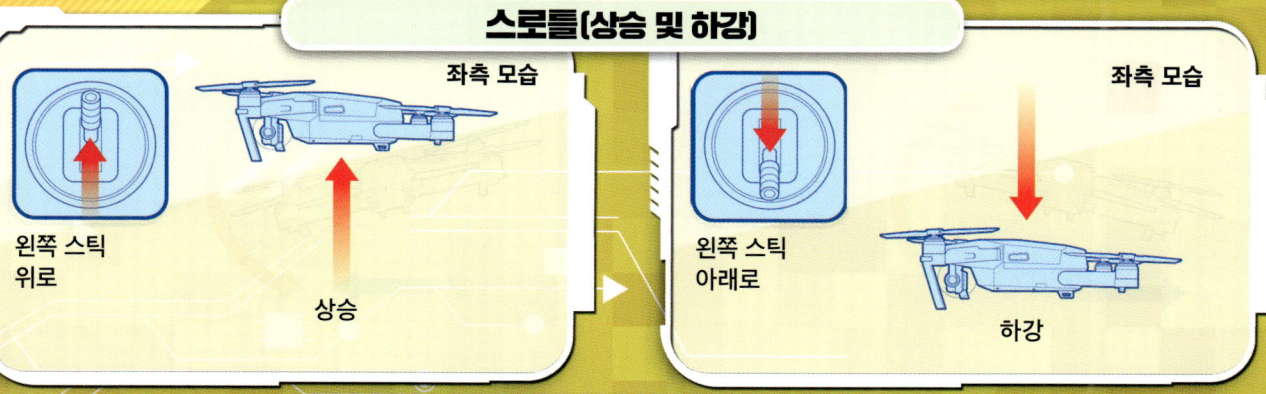

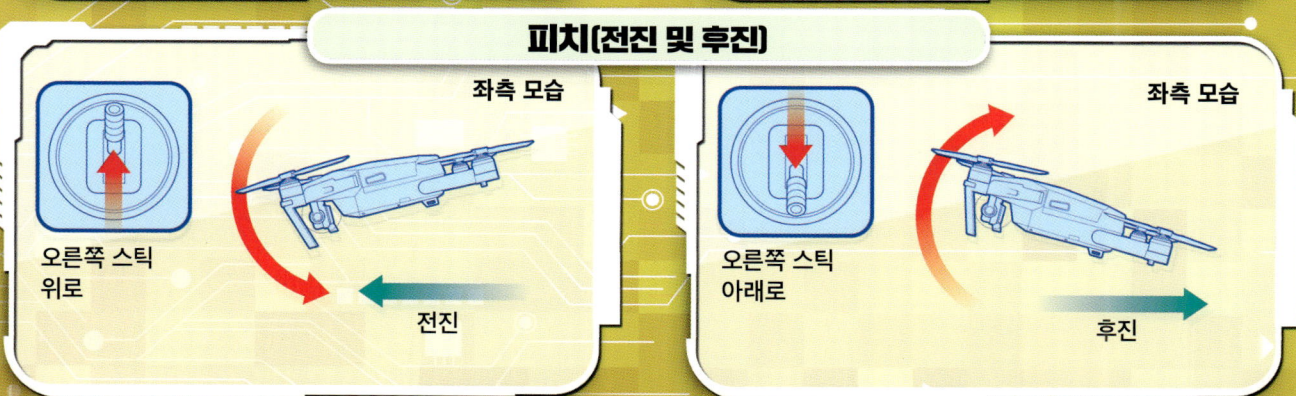

배달용 드론

갑자기 피자가 먹고 싶다면?
머지않아 드론이 집 앞까지 피자를 배달하게 될 것이다.
이미 세계의 주요 기업들은 단순한 음식 배달뿐 아니라,
의약품과 같은 긴급 물자를 이송하는 데
드론을 사용하고 있다.

하늘에서 내려오는 택배

드론을 사용하여 상품을 배송하려는 아이디어를 처음으로 떠올린 회사들 중 하나는 아마존이었다. **아마존 프라임 에어**는 GPS의 신호에 따라 움직이는 자율주행 드론으로 고객에게 2kg 이내의 무게를 가진 포장 상품을 30분 이내에 배달하는 것을 목표로 하고 있다. 아마존은 이미 영국에서 시험 배송 테스트를 성공했으나, 아직 국가로부터 배송용 드론 운항에 대한 허가를 받지 못한 상태다.

드론 정보
- 모델: 플러티 DRU
- 출시: 2016년
- 종류: 헥사콥터
- 소재: 탄소 섬유, 알루미늄, 3D 프린팅
- 화물 중량: 2.5kg
- 속도: 시속 30km

피자 배달

도미노 피자는 **플러티 DRU 드론**을 사용하여 뉴질랜드에서 무인 배달 서비스를 선보였다.
드론은 호버링(제자리비행)을 하면서 케이블을 사용하여 기다리고 있는 고객 앞으로 피자를 내려준다. 도미노는 곧 다른 나라에도 이러한 서비스를 제공할 계획이다.

지붕 이착륙장

국제 물류 회사인 **UPS**는 화물차의 지붕을 드론 이착륙장으로 사용하여 드론을 시험 운행했다. 드론을 사용하면 배달 기사 66,000명의 주행 경로를 줄일 수 있고, 5천만 달러를 절약할 수 있을 것으로 예상된다

보건 서비스

집라인은 르완다에 본사를 둔 회사로, 드론을 이용해 높은 산과 무너진 도로 때문에 고립된 지역의 병원에 긴급 의약품, 혈액, 백신을 직접 전달하고 있다.

칵테일 배달

미국 시카고의 메리어트 마르퀴스 호텔은 각 테이블에 앉아 있는 손님에게 드론으로 칵테일을 배달하는 서비스를 선보였다. 주변 손님들은 머리 위를 조심해야 할지도!

세계를 보는 지도

하늘에서 내려다보는 풍경은 땅에 서서 보는 멋진 풍경보다 훨씬 여러 가지로 활용될 수 있다. 드론은 고고학자, 건축업자, 농부 그리고 가게 주인들에게도 유용하게 사용된다.

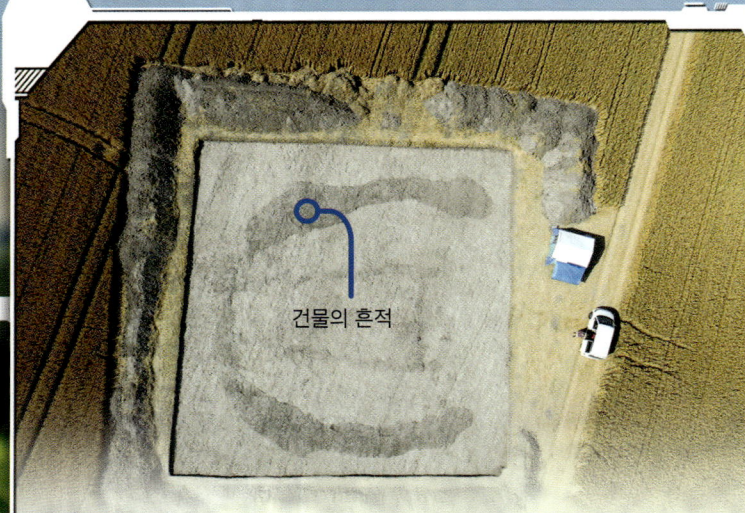

건물의 흔적

매장된 보물

드론은 숨겨진 보물을 찾아낼 수도 있다! 고고학자들은 드론에 열화상 카메라를 장착하여 주변의 지면과 온도가 다른 지역을 발견했고, 그 아래 묻혀 있던 신비한 고대 유적지를 찾아냈다. 영국 스톤헨지 인근의 '죽은 자의 집'이라 불리는 들판 아래에서 드론이 5,600년 된 집터를 새롭게 발견해냈다.

새로운 작물

농부들은 드론을 이용하여 경작지를 관리하거나 지도를 제작할 수 있으며, 센서를 사용하여 농작물에 물을 주어야 하는 시기도 알아낼 수 있다. 드론은 물뿌리기와 심기 등 수많은 농부의 일을 도맡아 할 수 있다. 신생기업인 바이오 카본 엔지니어링은 안에 씨앗이 들어 있으면서 땅에서 분해되는 생분해성 캡슐을 뿌려, 하루에 10만 그루의 나무를 심을 수 있는 드론 시스템을 개발했다.

쇼핑 로봇

쇼핑에 도움이 필요한가? 미국의 대형마트 체인점인 **월마트**는 드론을 쇼핑 도우미로 사용할 계획이다. 이 업체는 드론이 마트 내 상품 위치를 지도로 만들어 고객들이 원하는 상품을 바로 찾을 수 있도록 하는 프로그램의 특허를 가지고 있다. 고객이 스마트폰이나 태블릿에서 쇼핑 목록을 업로드하면 드론이 해당 진열대로 안내해준다.

안전한 행사 진행

대부분 주요 도시들은 CCTV 카메라를 높은 곳에 설치하여 교통상황을 살피고 크고 작은 사건들을 녹화하고 있다. 여기에서 한발 더 나아가 이제는 경찰과 교통관리자가 경기의 결승전이나 축제 행진과 같은 주요 행사에서 드론을 사용할 수 있다. 드론은 현장에 일찍 도착해 문제를 일으킬 만한 상황을 본부에 빠르게 보여 준다. 또한 드론은 건물을 지키거나 국경을 순찰하는 경비대들에게도 아주 유용하다.

건물 꼭대기

드론은 건설 현장도 바꾸고 있다. 드론이 건축을 시작하기 전에 땅을 측량한다. 공사 중에는 진행 상황을 기록하고 관리하며 안전 기준을 확인해준다. 완공 후 드론이 찍은 건물 영상은 건물에 관심을 가진 구매자들의 마음을 사로잡을 것이다.

기존의 건물을 조사하여 손상 정도를 살피고 보수작업이 필요한지를 평가하는 일도 드론이 빠르게 도와줄 수 있다.

군용 드론

드론은 전쟁터에서 적의 움직임을 감시하거나 폭탄을 운반하는 등 아주 큰 역할을 하고 있다.

적을 찾는 드론

프레데터는 1995년 첫 발사된 이후, 23년 동안 미국 공군에서 다양한 형태로 만들어져 사용되었다. 본래 카메라와 센서를 갖춘 정찰기였던 **MQ-1A**와 후속 기종인 **MQ-9 리퍼**는 2004년부터 적을 공격할 수 있는 헬파이어 미사일 2발을 운반할 수 있도록 개량되었다. 이 드론의 조종과 무기 발사는 원격으로 제어된다.

드론 정보

- 모델: BAE 타라니스 드론
- 출시: 2013년
- 종류: 무인 전투기
- 날개 길이: 10m
- 중량: 512kg
- 최대 속도: 마하 1

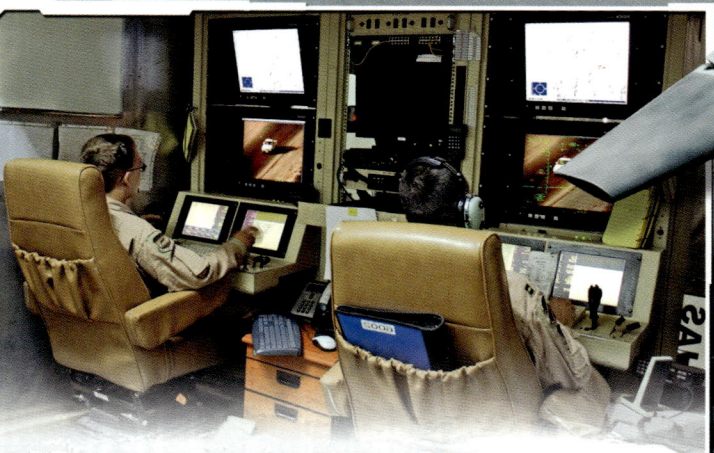

지상에서 조종

프레데터는 위성 연결을 통해 기지에서 원격 조종한다. 두 명의 승무원이 드론을 조종하는데, 한 명이 드론을 움직이며 임무를 수행하는 동안 다른 한 명은 드론의 센서와 무기를 맡는다.

스텔스 임무

영국은 **BAE 타라니스 드론**을 사용하여 비밀 정찰 임무를 수행할 예정이다. 2013년에 시험비행을 마친 이 초음속 무인항공기는 무기 장착고에 보호 장치를 두르고 있어 레이더 탐지를 피할 수 있다. 또한 지구 어느 곳에 있든지 위성 연결을 통해 제어할 수 있고, 무기를 옮기거나 외부 공격으로부터 스스로 방어할 수 있도록 프로그램되어 있다.

드론 모함

군용 항공기는 전쟁 지역 부근에서 항해하는 항공모함에서 이착륙을 한다. 그렇다면 드론을 위한 항공모함은 어떨까? 미군은 바다와 공중 모두에 적합한 드론 모함을 만들 계획이다. 이는 기존의 항공모함보다 훨씬 작고 빠르며 유지비용 또한 덜 들 것이다.
턴(TERN) 프로그램은 호위함이나 구축함과 같은 소형 선박들을 드론 발사대로 사용하기 위한 드론 시스템 개발 프로젝트다.

드론 정보

모델: 플리어 블랙 호넷 3
출시: 2018년
종류: 마이크로콥터
길이: 168mm   중량: 32g
최대 비행시간: 25분
최대 속도: 21km

밤의 드론

드론에 열화상 또는 적외선 카메라를 장착하여, 깜깜한 어둠이나 구름 사이로 보이지 않는 적의 움직임이나 도움이 필요한 민간인을 추적할 수 있다. 최근 들어 미국 육군은 손바닥보다 작은 드론을 사용하기 시작했다. **블랙 호넷3**는 세계에서 가장 작은 전투용 나노 드론으로 열화상 카메라와 실시간 영상 전송 시스템을 갖추고 있다.

하늘의 눈

드론이 가지고 있는 가장 큰 매력 중 하나는 바로 항공 사진이다.
적절한 카메라 장비를 갖추고 충분히 연습한다면,
전문가처럼 야생 동물 다큐멘터리나 영화 속 액션 장면을 촬영할 수 있다.

장비 마련하기

드론으로 영상을 처음 촬영한다면 모터가 달린 **짐벌**이 필요할 것이다. 이것은 멀티콥터 아래 달린 카메라의 떨림을 흡수하여 비행 중에 안정적으로 영상을 촬영할 수 있게 하는 장치다.

자신에게 가장 필요한 카메라는 어떤 것인지 생각해보라: HD 화질, 높은 프레임 속도? 아니면 집에서 즐길 만한 저렴하고 만족스러운 것? **고프로**는 극적인 액션 장면을 촬영하기 위해 헬멧, 자전거 핸들 등과 드론에 장착하는 경량 카메라를 만드는 회사다. 초창기 드론 영상 시장에서 독보적인 자리를 차지했으나 드론 제조업체들이 카메라를 만들기 시작하면서 소비자들에게는 선택의 폭이 넓어졌다.

촬영하기

장비를 갖추었다면, 그다음으로 비디오 촬영 기법 세 가지를 연습해보자.

트래킹 숏

멈추어 있는 피사체(예를 들어 건물)를 선택한다. 드론을 45도 아래로 내린 상태에서 피사체를 부드럽게 지나간다.

틸트 숏

드론이 호버링(제자리 비행)을 하는 상태에서 카메라를 위아래로 회전시킨다.

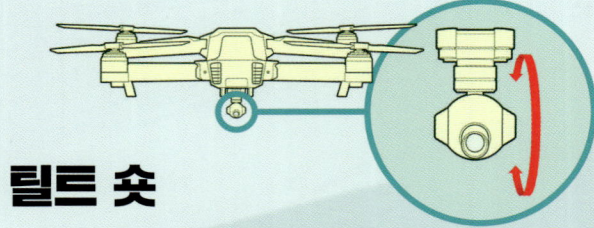

패닝 숏

드론이 호버링(제자리 비행)을 하는 상태에서 짐벌을 부드럽게 수평으로 회전시킨다.

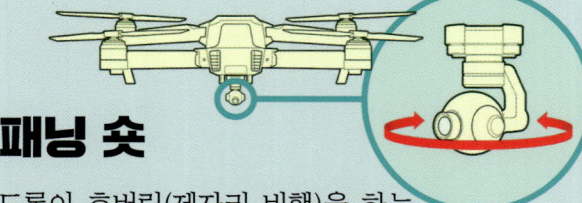

블록버스터 영화

할리우드는 마블, 미션 임파서블, 제임스 본드, 해리포터 시리즈와 같은 영화에서 극적인 공중 장면과 박진감 넘치는 추격 장면을 담아내기 위해 드론을 대대적으로 도입했다. 전문 조종사가 드론을 사용하면 감독들이 헬리콥터 위에서 촬영하는 것보다 더 가깝고 빠르게 지나가는 장면을 촬영할 수 있다.

동물들 위에서

전통적으로 자연 다큐멘터리는 카메라가 넓은 시야로 자연의 모습을 비추거나 야생 동물의 무리를 따라가는 장면으로 시작된다. 이들 장면 대부분은 경비행기에서 촬영되곤 했다. 하지만 이제는 전문적인 드론 카메라 감독들이 이 일을 맡는다. 드론은 비용이 덜 들고, 기동성이 좋으며, 활주로 없이도 먼 곳까지 갈 수 있다. 무엇보다 카메라 감독을 사자 무리 근처에 보내는 것보다 훨씬 더 안전하다!

구조 임무

드론은 사람의 생명을 구한다.
긴급 구조대는 드론을 사용하여
위험 상황을 살피고, 사람이나 동물의 위치를
파악하여 구조 장비를
전달한다.

수색과 발견

드론은 공중 수색 작업에 매우 적합하다. 출동까지 몇 분이 채 걸리지 않으며, 실시간으로 영상을 전송하고 긴급 구조대가 닿기 어려운 곳까지 갈 수 있다. GPS 정보는 신속하게 기지로 전달되어 구조대가 실종자를 찾을 수 있도록 돕는다. 2018년, 65세의 등반가 릭 앨런이 파키스탄의 카로코람 산맥에 있는 높이 8,000m의 브로드 피크 산을 단독으로 등반하던 중 실종되었다. 하지만, 고공에 띄운 **DJI 매빅 프로** 드론이 산비탈에서 그를 발견했고, 구조대가 그를 안전하게 이송해 목숨을 건졌다.

태풍 피해

2017년 강력한 허리케인 하비가 미국을 휩쓸자 텍사스주 휴스턴에서는 3만 채 이상의 집들이 침수되었다. 피해 현황을 파악하기 위해 수많은 드론들이 투입되었다. 그들은 신속하게 집, 사무실, 도로, 다리, 송전선의 상태를 확인했고, 응급 구조대가 언제 들어가야 안전한지 분석했다. 보험사들도 손해 배상 청구를 확인하기 위해 자체 드론을 가지고 뒤따라왔다.

드론 정보
- 모델: DJI 매빅 프로
- 출시: 2016년
- 종류: 쿼드콥터
- 소재: 플라스틱 및 마그네슘 합금
- 무게: 734g
- 최대 비행시간: 27분
- 최대 속도: 65km

해상 감시

2018년, 바다에서 큰 위험에 빠진 두 명의 남성이 발견되었다. 호주의 레녹스 헤드 해상 구조대원들은 새로운 대원을 내보내기로 했다. 바로 **웨스트팩 리틀 리퍼**, 바다에 띄우는 구조선을 운반할 수 있는 드론이다. 첫 임무에서 이 구조대원은 힘겹게 헤엄치고 있는 남성들 옆에 고무보트를 떨어뜨려 주었다. 리틀 리퍼는 또한 바닷속의 상어를 감지할 수 있도록 프로그램되어 있다.

소방 활동

드론은 소방관들에게 아주 큰 도움이 되고 있다. 드론은 높은 곳에서 내려다보며 장소를 전체적으로 파악할 수 있고, 화재 관련 정보를 실시간으로 제공한다. 또한 열화상 카메라를 사용하여 불이 타고 있는 장소를 찾아낼 수 있는데, 이 카메라는 연기와 어둠을 뚫고 불타는 건물 속에 갇힌 사람들을 찾아낼 수도 있다.

드론 레이싱

드론 레이싱은 세계에서 가장 빠르게 성장하고 있는 스포츠 중 하나이다. 수백만 명의 팬들에게는 눈부시고 화려한 구경거리를 선사하고, 가장 용감하고 기술이 뛰어난 조종사에게는 많은 상금을 준다.

멀티지피

멀티지피(MultiGP)는 자신의 기술을 상대방과 겨루고 싶어 하는 드론 조종사들이 경연을 벌일 수 있는 국제드론 레이싱 리그다. 멀티지피는 무선 조종 드론 경기를 주관하며 다양한 수준의 조종사들이 지역 교육 센터에 등록하여 조종 기술을 배우고 실력을 향상할 기회를 제공한다.

리그

드론 레이싱 리그(DRL)는 2015년 미국에서 설립되었다. 이 경기에서는 드론 조종사가 일인칭 시점(10쪽)으로 최대 시속 128km의 속도로 드론을 조종해 3D 코스를 지나가야 한다. TV로 중계된 첫 경기에서는 드론들이 쇼핑센터, 경기장, 실험실, 자동차 공장의 장애물 코스를 빠른 속도로 통과해 나갔다.

더 빠르게

자동차 제조업체 BMW는 세계에서 가장 빠른 경주용 드론을 만들기 위해 DRL과 힘을 합치고 있다. 드론들은 자체 리그 기록을 깨기 위해 BMW의 공기역학테스트 센터에 있는 풍동실험실에서 여러 시험을 거치고 있다.

하늘의 에이스

차푸라는 닉네임으로 활동하는 **카를로스 퓌에르톨라**는 짜릿한 드론 레이싱 장면으로 유명해진 드론 레이싱 선수 중 한 명이다. 낮에는 애니메이터로 일하고 있으며, 현재는 취미로 드론을 날리고 있다. 카를로스가 드론으로 묘기를 부리는 영상은 온라인에서 인기가 아주 높다.

프리스타일링

병상에서 누워 2년을 보내야 했던 **조 스턴버스**는 취미로 마이크론 드론을 날리기 시작했다. 이제 그녀는 세계에서 가장 작은 경주용 드론으로 새로운 프리스타일 비행 동작을 완벽하게 구사하는 최고의 드론 전문가이자 드론 레이싱 선수가 되었다.

월드컵

드론 레이싱에도 2016년 국제항공연맹(FAI)이 시작한 자체 월드컵이 있다. 조종사들은 1kg 미만의 쿼드콥터를 사용하여 특별히 만들어진 코스에서 경기를 펼친다. 2018년 월드컵 대회는 인도네시아 발리섬을 시작으로 20개 이상의 국제 행사가 열렸다.

멋진 드론들

반짝이며 날아다니는 드론 무리, 엄지손가락 크기의 쿼드콥터, 엄청난 속도를 내는 드론 레이서들……. 드론 전문가와 조종사들은 이전에는 보지 못했던 놀라운 공중 불빛 쇼로 드론 기술의 가능성을 넓혀가고 있다.

드론으로 수 놓은 하늘

올림픽은 세계인들이 가장 많은 관심을 가지는 경기 중 하나다. 그 때문에 화려한 개막식에 대한 부담감은 아주 크다. 대한민국 평창에서 열렸던 2018년 동계 올림픽은 드론으로 멋진 개막식을 보여줬다. **인텔® 슈팅스타™ 드론 시스템**은 개막식이 열리고 있는 하늘 위에 1,218개의 반짝이는 쿼드콥터를 띄워 관중들을 감탄시켰다.

단 한 대의 중앙 컴퓨터로 이 드론들을 조종했는데, 40억 가지가 넘는 색 연출이 가능했다. 드론으로 거대한 스노보드에서 대형을 바꾸어 오륜기를 만든 장면은 정말 환상적이었다.

곤충 크기

드론은 얼마나 작아질 수 있을까? **에리우스 쿼드콥터**는 3×3×2cm로 아주 작으며 손가락 끝에서 균형을 잡을 수도 있다! 이 장난감 같은 드론은 15분 충전으로 최대 7분까지 비행할 수 있다. 미리 프로그램된 곡예비행과 LED 조명은 기술의 놀라움과 엄청난 재미를 가져다준다.

드론 정보

- **모델**: 인텔® 슈팅스타™
- **출시**: 2016년
- **종류**: 쿼드콥터
- **소재**: 플라스틱, 발포 고무
- **무게**: 330g
- **최대 비행시간**: 20분
- **최대 범위**: 1.5Km
- **최대 속도**: 65km

무거운 화물

만약 가벼운 피자와 도넛이 아닌, 훨씬 더 무거운 물건을 배달하고 싶다면 어떨까? **보잉**사의 항공우주 공학자들이 아마 이 문제를 해결할 수 있을지도 모른다. 그들은 각각 길이가 1.8m의 프로펠러를 가진 거대한 무인항공기를 만들 계획이다. 이들은 225kg(회색곰의 무게)에 달하는 자동차 크기의 화물을 최고 시속 112km의 속도로 운반하는 것을 목표로 하고 있다.

드론 정보

모델: DRL 레이서 X
출시: 2017년
종류: 쿼드콥터
소재: 3D 프린팅 열가소성 폴리우레탄 (TPU), 탄소 섬유, 구리 선 및 파스너
무게: 800g
속도: 시속 289km

속도 경쟁

드론 레이싱 경기는 속도에 영향을 미칠 수 있는 드론의 규격에 대해 엄격한 기준을 적용한다. 그렇지만 드론 설계 전문가들이 기록을 깨는 것을 막지는 못했다. 100m 코스에서 테스트를 거친 **DRL 레이서 X**는 시속 263km가 넘었다. 좀 더 먼 장거리 코스에서는 무려 시속 289km로 달렸다. 초창기 경기에 출전했던 드론들과는 비교가 되지 않을 정도로 빠른 속도다!

치타		시속 121km
일반적인 헬리콥터		시속 257km
DRL 레이서 X 드론		시속 289km
포뮬러 원		시속 300km

드론과의 전쟁

다른 신기술과 마찬가지로, 드론 또한 안전과 악용에 대한 우려가 있다. 하늘이 붐비면 충돌 사고나 사생활 침해가 발생할 수 있으므로, 드론을 운행하기 위해서는 반드시 따라야 할 규칙들이 있다. 드론이 가까이 오는 것을 막기 위해 특별한 조치를 취하는 사람들도 있다.

드론 비행 규칙

드론으로 인한 사고를 방지하고, 사람들의 사생활을 보호하기 위해 여러 나라에서는 드론 사용에 관한 규칙들을 도입했다. 이는 나라마다 다르며 어떤 나라에서는 드론이 불법이다. 다음은 취미용 드론 사용에 관한 기본 원칙들이다.

- 안전하게 드론을 비행해야 할 책임이 있다.
- 항상 직접 확인할 수 있는 곳에서 비행해야 한다.
- 이착륙할 때 비행기와 출동 위험이 있는 혼잡지역, 군사지역, 비행장에서는 개인의 드론 비행이 금지된다.
- 정해진 무게를 초과하는 드론을 조종하기 위해서는 면허를 취득해야 한다(미국 25kg 이상, 영국 20kg 이상, 우리나라 12kg 이상).
- 드론을 띄울 수 있는 높이에는 제한이 있다(미국과 영국에서는 120m 이하, 우리나라는 150m 이하).
- 드론 카메라를 사용할 때는 다른 사람의 사생활을 존중하고, 촬영 중이라는 것을 미리 알려야만 한다. 온라인에 공유할 때는 신중해야 한다.

드론을 날리기 전에 반드시 해당 지역이나 국가의 규칙을 확인해야 한다.

드론 그물

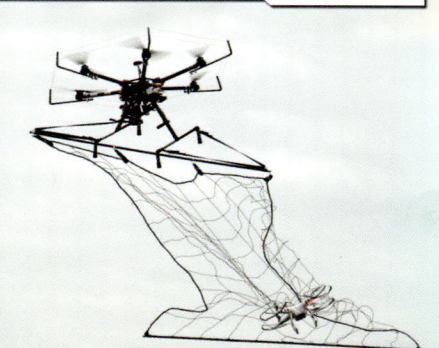

일본 도쿄의 황궁과 총리실 같은 드론 비행금지구역에서는 대형 **요격용** 드론이 순찰 비행을 한다. 카메라와 2~3m 길이의 그물을 갖춘 요격용 드론은 불법 무인기를 공중에서 낚아 올린다.

죽음의 광선

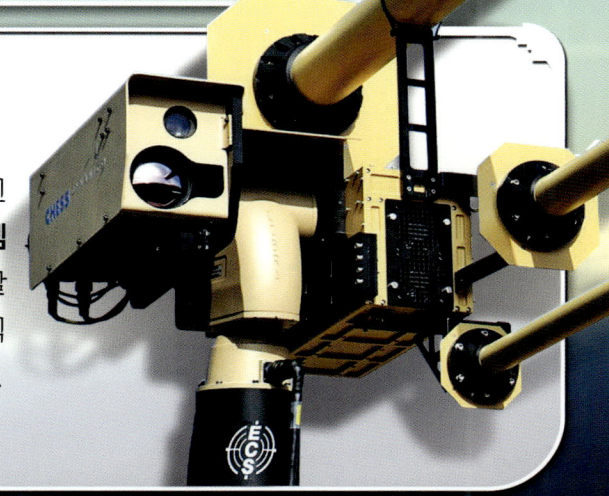

릿아이 시스템은 지나가는 모든 드론의 무선 신호를 차단해 제어를 방해하는 **무인기 방어 시스템(AUDS)**을 개발했다. 보잉사는 2kW 레이저를 발사하여 무인기에 구멍을 내는 직접적인 공격 방식의 **소형 레이저 무기 시스템(CLWS)**을 개발했다.

독수리의 드론 사냥

네덜란드 경찰은 2016년부터 독수리를 이용해 불법 드론을 낚아채는 훈련을 진행하고 있다.

공항에서 울리는 경보

2018년과 2019년, 미국의 뉴어크 공항과 영국의 히드로 공항, 개트윅 공항에서는 드론이 목격되어 공항이 폐쇄되는 경우가 있었다. 개트윅에서는 드론이 항공기의 이착륙에 방해가 될 수 있다는 우려로 인해 3일 동안 1,000편의 항공편이 취소되거나 우회해야 했다. 공항은 안티드론(드론을 무력화하는 기술) 장비에 수백만 달러를 투자하고 있다.

가까운 미래

드론은 감시자일까? 아니면 조종 기술을 연습하고 멋진 영화를 만들기 위한 훌륭한 도구일까? 여기에 머지않아 볼 수 있게 될 무인항공기들을 소개한다.

드론 정보
모델: 이항 184
종류: 쿼드콥터
재질: 강화복합재료, 탄소 섬유, 에폭시
길이: 4m
무게: 260g
승객: 한 명
최대 비행시간: 25분
속도: 시속 100km

드론 학교

드론을 안전하게 조종하는 방법을 배우는 것은 자동차 운전을 배우는 것만큼이나 중요해질 것이다. 한국의 서울에서는 이미 새로운 드론 소유자들이 관련 수업을 듣고 기술을 연습할 수 있는 공공 드론 공원이 있다.

조종사가 없는 비행기

자율운행 자동차가 공공 도로에 도입되고 있는 것처럼, 무인 비행기들도 하늘 운항을 시험하고 있다. 전기로 움직이는 **이항 184, 볼로콥터 2X, 에어버스 바하나 수직이착륙기**가 이미 가능성을 증명했다. 커다란 크기의 상업 비행기도 조종사 없이 원격으로 운항할 수 있을 것이다.

24시간 감시

범죄자들의 움직임을 추적하기 위해 얼굴 인식 소프트웨어를 드론 카메라에 넣을 수 있다. 이는 경찰의 데이터베이스와 연결되어, 군중 속에서 범죄 용의자를 찾는 데 사용될 수 있다. 그 누구도 미행당하고 있다는 사실을 눈치채지 못할 것이다!

손목 시계

현재 개발 중인 마이크로드론 **닉시**는 시계처럼 손목에 찰 수 있다.
이 작은 웨어러블 기기를 손목에 차면 카메라를 단 쿼드콥터가 펼쳐지는 것을 볼 수 있다. 닉시는 스마트폰으로 조종할 수 있고, 비행 후에는 주인에게 돌아가도록 미리 프로그램 되어 있다.

새와 곤충을 닮은 드론

독수리를 닮은 드론은 이미 공항 비행경로에서 다른 새들을 쫓아내기 위해 사용되고 있다.
국가 첩보 기관들은 용의자들을 감시하기 위해 새와 곤충을 닮은 드론을 사용할 수도 있다.
주변에서 윙윙거리며 날아다니는 벌이나 벌새는 사실 여러분의 모든 행동을 기록하는 카메라일지도 모른다!

- GPS, GSM, Wi-Fi, 센서에 분산된 컴퓨터 시스템
- 펄럭이고 젖혀질 수 있는 날개
- 배터리
- 머리와 부리의 카메라

드론과 함께하는 미래가 어떻게 펼쳐지든지 분명 드론은 우리의 삶에 큰 영향을 미칠 것이다. 드론은 날아오르는 하늘만큼이나 무한한 가능성으로 가득 차 있다!

용어 풀이

1인칭 시점(FPV) 드론의 카메라에 연결된 비디오 고글이나 모니터를 통해 영상을 실시간으로 볼 수 있는 기능

가속도 센서 가속도 변화를 측정하는 장치

고도 해수면을 0으로 하여 측정한 높이

기압 센서 고도를 일정하게 유지시켜주는 장치

동체 항공기 본체

드론 무인항공기를 일반적으로 부르는 이름

롤(Roll) 드론이 왼쪽 또는 오른쪽으로 이동하는 것

멀티콥터 프로펠러가 여러 개 달린 무인기 시스템

무인항공기 조종사가 타지 않은 항공기

스로틀 프로펠러가 회전하면서 드론이 뜨고 내리는 일

연결대 무인항공기에서 프로펠러를 고정하는 틀

옥토콥터 프로펠러가 8개인 멀티콥터

완제품 박스를 열면 바로 날 수 있게 구비된 드론

요우 드론이 시계 방향 또는 시계 반대 방향으로 회전하는 것

자율 외부의 명령 없이 스스로를 제어하는 일

위성위치확인 시스템(GPS) 위성에서 보내는 신호를 기반으로 사용자의 위치를 계산하는 시스템

자이로 센서 방향을 측정하는 장치

전자변속기(ESC) 배터리에서 보낸 전류를 조절하여 모터의 속도를 제어하는 부품

정찰 군사적 목적으로 어떤 지역을 살피는 일

지자기 센서 지구의 자기장을 기준으로 하여 드론의 방향을 파악하는 장치

짐벌 영상을 촬영할 때 진동을 흡수하는 장치

쿼드콥터 프로펠러가 4개인 멀티콥터

프로슈머 자신의 취향에 맞게 제품을 만드는 적극적인 소비자

피치 드론이 앞 또는 뒤로 이동하는 것

하강 기류 수평 프로펠러가 회전하면서 만들어지는 아래쪽으로 내려가는 공기의 흐름

헥사콥터 프로펠러가 6개인 멀티콥터

참고할 만한 사이트

Civil Aviation Authority, UK
Info about all aspects of unmanned aviation: caa.co.uk/consumers/unmanned-aircraft-and-drones/

Dronethusiast
Drone news for and by enthusiasts: dronethusiast.com

Drone Girl
UAV news and reviews from Sally French: thedronegirl.com

Drone Racing League
Professional drone-racing: thedroneracingleague.com

Federal Aviation Administration
US drone-flying tips and regulations: faa.gov/uas/getting_started/

MultiGP
Largest professional drone racing league in the world: multigp.com

My First Drone
Buying tips for new UAV pilots: myfirstdrone.com

That Drone Show
Drone video reviews from the founders of International Drone Day: thatdroneshow.com

UAV Coach
Drone pilot training classes: uavcoach.com/

Wired
New developments about UAVs from top tech mag: wired.co.uk/topic/drones

참고할 만한 책

The Complete Guide to Drones, Adam Juniper (Octopus, 2015)

The Drones Book (Future)

Build Your Own Drone Manual, Alex Elliott (Haynes, 2016)

이 책에서 소개하는 웹사이트 주소(URL)는 책이 인쇄되었을 당시에는 유효했으나, 출간 이후 내용이나 주소가 바뀌었을 가능성이 있습니다. 이에 대해 저자나 출판사는 어떠한 책임도 지지 않습니다.

찾아보기

1
1인칭 시점 10, 22, 30

ㄱ
가속도 센서 8, 30
고프로 18
공항 27, 29
기압 센서 8, 30

ㄴ
닉시 29

ㄷ
드론 레이싱 4, 22, 23, 31
드론 레이싱 리그 5, 22, 25, 31

ㄹ
랜딩기어 9
레드 웨건 7
레디오플레인 OQ-3 4, 7
롤 10, 11, 30

ㅁ
마릴린 먼로 7
마이크로 드론 23, 29
멀티지피 5, 22, 31
멀티콥터 4, 18, 30
모터 9

ㅂ
배터리 9, 10, 29
베트남 전쟁 7

ㅅ
사격 훈련 6, 7
슈팅스타 5, 24
스로틀 10, 11, 30

ㅇ
아마존 5, 12
에어포일 9
연결대 8, 30
요우 10, 11, 30
웨스트팩 리틀 리퍼 21
이항 184 28
완제품 4, 30

ㅈ
자이로 센서 8, 30
전자변속기 8, 30
제2차 세계 대전 6, 7
지자기 센서 8, 30
짐벌 18, 18, 30

ㅋ
케터링 버그 4, 6
쿼드콥터 8, 11, 21, 23, 24, 25, 28, 29, 30

ㅍ
패럿 AR 드론 5, 7
플러티 DRU 12, 13
플리어 블랙 호넷 17a
피치 10, 11, 30

ㅎ
하강기류 8, 30
항공 촬영 8, 18

B
BAE 타라니스 드론 16

D
DJI 매빅 프로 20, 21
DRL 레이서 X 25

G
GPS(위성위치확인 시스템) 10, 12, 20, 29, 30

M
MQ-1 프레데터 5, 7, 16